AF611215

UN CAMPEMENT DE NOMADES

LA CONQUÊTE DU MAROC

On a comparé la civilisation au fleuve qui, de sa source à son embouchure, va de l'avant, poussé vers son but inéluctable par une force irrésistible. Il y a des obstacles qui l'arrêtent dans son cours pendant un certain temps, mais l'immanente loi du mouvement les brise, renverse, franchit ou tourne. On ne peut pas plus lui barrer le chemin qu'il ne serait possible de supprimer l'existence des grands agents de la nature, de paralyser la gravitation des astres, d'immobiliser la terre. Cette évolution, qui est dans l'ordre des choses, doit s'accomplir ici fatalement, là nécessairement. Tels empires, encore debout, crouleront, s'effondreront, disparaîtront, quoi qu'ils fassent pour se soustraire à l'anéantissement qui les menace et qui aura lieu pour les uns à des dates prochaines, pour les autres plus tardivement, mais aussi sûrement. Le Maroc est du nombre des condamnés. Nous avons déjà indiqué quel serait son sort inévitable et le Maître de l'heure, comme disent les musulmans, a écrit d'avance l'année de la chute de cet État barbare.

Les chérifs espèrent en fermer l'accès à l'Europe, et toute leur politique se réduit à ce que l'on peut appeler le jeu des barrières. Sans doute ils le jouent habilement et leur duplicité diplomatique a eu jusqu'ici gain de cause, en dépit de tous les efforts tentés contre eux. Ils ne se trompent pas sur la supériorité des puissances qui veulent les contraindre aux réformes, mais ils savent combien ces puissances sont divisées au fond entre elles, combien tous leurs projets de désarmement et d'entente pacifique sont rendus vains par leurs rivalités et leurs intérêts personnels, et ils en profitent pour opposer l'inaction aux représentations les plus pressantes. En cela ils suivent l'exemple du Sultan de Constantinople. Comme lui, ils attendent que les exigences européennes soient formulées par une volonté collective et ils comptent qu'une action simultanée ne se produira jamais. Cette diplomatie marocaine, semblable à celle de l'Orient, s'applique, avec un succès qui n'a pas encore été trahi par les événements, à susciter les jalousies et les alarmes de telle nation en paraissant favoriser telle autre. Tantôt on apprend que des propositions ont été faites aux États-Unis pour obtenir leur intervention accompagnée d'un ultimatum au cas où l'Europe se montrerait trop agressive; tantôt on reçoit avec éclat à Fez les ambassadeurs d'Allemagne ou ceux d'Italie, afin de faire savoir que si le chérif était en péril, Guillaume II ou Humbert Ier jetterait son épée dans la balance. A vrai dire, ce ne sont que des démonstrations théâtrales visant à l'effet, car les Yankees, les Allemands, les Italiens ne sont pas admis à escompter leurs offres de services éventuels qui se bornent d'ailleurs à des discours solennels.

Ce jeu peut continuer à avoir quelque réussite, tant qu'un événement décisif ne viendra point le contrecarrer; mais il y aura certainement dans les tendances des puissances européennes, déjà maîtresses de presque tout le reste de l'Afrique, un accord, qui ne peut tarder, sur la question du Maroc. Toutes sortes de considérations dictent cette solution. L'Europe ne peut pas se contenter des huits ports que la condescendance des Chérifs lui a entr'ouverts sur les côtes marocaines : à Tanger, à Tétouan, à Larache, à Rabat, à Casablanca, à Mazagan, à Saffi et à Mogador. Elle voudra et saura pénétrer au cœur de ce pays qu'elle sait riche et où son chiffre d'affaires est maintenant insignifiant; elle se lassera de ces lenteurs systématiques qui ne lui ont permis d'élever ses importations qu'à un total d'une trentaine de millions de francs, et elle ne laissera pas en friche un champ aussi fécond sur lequel ne vivent aujourd'hui que des populations subissant la sujétion et la misère, quand elles auraient droit à une grande prospérité dans la transformation sociale de tous les peuples entraînés par le progrès.

Nous ne saurions trop le répéter : le seul moyen d'en finir avec les éléments dissolvants et morbides du Maroc, avec sa dynastie actuelle qui ne vit que d'oppression, de concussion et de pillage, avec l'état moral des Marocains eux-mêmes qui, courbés sous le joug, ne savent pas vouloir leur relèvement, c'est la conquête.

Or, cette conquête est elle possible, à quel prix peut-on l'entreprendre, comment peut-on la réaliser? Quelle en sera la récompense? Nous avons déjà exposé le plan à adopter, suivant nous, et nous sommes heureux de constater que notre manière de voir rencontre des adhérents.

« Il ne faut pas se figurer, dit un écrivain autorisé (voir *La Quinzaine*, 16 août 1899, article de M. Paul Thirion) qu'on trouverait à s'emparer du Maroc plus d'embarras que nous en a causés l'Algérie. D'abord celle-ci n'a résisté longtemps que parce que, pendant des années, le gouvernement de Juillet n'a pas su ce qu'il voulait y faire. Ensuite les deux régions ne sont pas du tout les mêmes. Le Tell algérien est partout hérissé de montagnes. Le Maroc s'ouvre sur l'Atlantique par 1940 kilomètres de côtes, médiocres, il est vrai, mais cependant abordables. Il pourrait donc être envahi de tous côtés et la résistance qu'il opposerait serait bientôt brisée. Resterait, il est vrai, l'Atlas dont les défenseurs ne seraient pas si vite réduits; mais pour cela, on aurait le temps, et en attendant qu'on eût eu le loisir de soumettre les montagnards, on tiendrait toujours la plaine, ce qui, au point de vue économique et militaire, serait l'essentiel. Il est très probable que de ce côté les révoltes ne seraient pas fort à craindre. La nature du pays le rendrait aisé à ravitailler et ensuite ces habitants n'ignorent pas la force militaire des Européens. Enfin beaucoup de gens au courant du caractère local pensent que l'établissement d'une autorité honnête et régulière serait acceptée volontiers par les indigènes. »

***

La conquête du Maroc envisagée comme obligatoire par l'Europe, en principe, s'effectuera de deux façons : ou bien une seule puissance s'y décidera, ou bien les prétendants à la succession marocaine conviendront d'un partage.

L'entreprise unilatérale est entourée de difficultés. Quel que soit celui qui s'y risque, il aura non seulement affaire au Maroc même, mais aussi à toutes les ambitions européennes. Ce qui était encore praticable hier pour un seul ne le sera plus demain. Des traités ont été signés, d'autres se signeront bientôt qui limiteront les hinterlands (1).

Dans ces conditions, le partage deviendra l'unique alternative à mettre à exécution, parce que tous les concours y travailleront.

On sait déjà quelles sont les puissances européennes qui s'y préparent : la France, l'Angleterre, l'Allemagne, l'Italie, l'Espagne. Elles s'uniront, pour la conquête, à deux, à trois, peut-être, ou, ce qui est plus probable, toutes ensemble.

L'Allemagne y est très disposée. Il y a près de vingt ans, un colonel prussien, qui est souvent cité parmi les écrivains militaires compétents, déclarait « qu'il ne fallait pas aller chercher si loin ce qu'on avait sous la main, que c'était le Maroc seul qu'il fallait convoiter », et le gouvernement de Berlin a suivi ce conseil en cherchant à se faire céder par l'Espagne, soit le port de Santa Cruz, soit l'archipel des Zaffarinas pour commencer par prendre un pied, en attendant qu'il en prît quatre. On nous assure aujourd'hui que les Allemands auraient renoncé à ces projets d'annexion et concentreraient toute leur activité dans la question marocaine sur les avantages commerciaux. Ce bloc enfariné ne dit rien qui vaille. L'Allemagne est, moins qu'aucune autre grande puissance, exclusivement économique; édifié sur le militarisme, l'empire moderne des Hohenzollern ne se priverait pas de faire appel à ses généraux pour ouvrir les routes à ses commerçants. La proie est trop belle pour la dédaigner. L'Allemagne n'y renonce pas, mais, elle aussi, ne prendra pas à cet égard une résolution ferme sans s'appuyer sur des alliances.

De même l'Italie, qui a essayé, à plusieurs reprises de mener des intrigues à la cour des chérifs. Impuissante à ourdir seule sa toile, elle prêtera son aide à qui attachera le grelot. De même l'Espagne, bien affaiblie aujourd'hui, mais qui ne peut abandonner les pauvres places qu'elle a sur les côtes du Maroc, sans se fermer ses derniers débouchés. « Il suffirait d'ailleurs, écrit M. Thirion, que l'Espagne possédât le nord du Maroc pour remonter en peu de temps à son ancien rang de grande puissance; mais pour arriver à ce résultat, il lui faut l'appui de la France

(1) Les événements marchent. Depuis la publication des brochures sur Tanger et Fez dans la *Bibliothèque des Voyages* l'avenir de l'Afrique a été en grande partie réglé par la récente convention franco-anglaise. Les considérations que nous avons développées précédemment n'en sont pas atteintes dans leurs principes, mais il y a eu des changements de front ou tout au moins de position sur l'échiquier africain et il faut en tenir compte. C'est ce que nous faisons ici (C. S.).

et celle-ci a tout intérêt à le lui accorder. Car nous ne pouvons compléter notre domaine africain du côté du Maroc, sans avoir avec nous les Espagnols, tandis que la France, fortement établie en Afrique et unie à l'Espagne, est en état de forcer la main à l'Angleterre. »

Au vrai, l'ennemie pour nous, là comme ailleurs, c'est l'Angleterre qui guette, en espérant partie. L'Angleterre ne s'emparera pas du Maroc par un coup de main et on ne lui permettra pas d'y recommencer sa comédie égyptienne. Ses ressources navales ne lui suffiraient pas pour ouvrir des hostilités contre les chérifs, et si ses vaisseaux faisaient quelque manœuvre dans la direction des côtes marocaines, les contingents militaires nécessaires pour le débarquement lui feraient défaut. Cependant l'Angleterre ne se désintéresse pas du Maroc. Elle a Gibraltar qui deviendrait inutile, si l'Espagne faisait cause commune avec nous. Elle échangerait volontiers Gibraltar contre Ceuta et l'a déjà essayé; car Ceuta, qui garde tout aussi bien l'entrée de la Méditerranée aux colonnes d'Hercule, est un poste avancé établi à la frontière du Maroc. L'Espagne ne s'y trompe pas et fait la sourde oreille aux promesses puniques et aux présents offerts par la Carthage moderne. Mais l'Angleterre a des méthodes d'accaparement connues. Où la ruse ne lui réussit pas, elle menace. On l'a vu dans ses procédés envers le Portugal. Ceux qu'elle emploierait envers l'Espagne seraient tout pareils, le jour où le gouvernement de Madrid commettrait la faute de donner Ceuta pour Gibraltar.

Et pourtant l'échange est possible; l'or de Londres triomphe des résistances comme celui de Jupiter. Que doit faire la France pour conjurer cette éventualité? « Sa politique au Maroc, dit encore M. Thirion, est toute tracée. Maîtres de l'Algérie, nous devons civiliser les Marocains, d'accord avec les maîtres de l'Andalousie. Les événements fixeront la part de chacun et, dès à présent, nous pouvons préparer la nôtre en occupant les oasis du Touât par lesquelles nous cernerons l'empire chérifien au midi. »

C'est bien là ce que nous avons développé nous-mêmes, dans nos précédentes études sur l'avenir du pays des Chérifs.

Charles Simond.

A EL-KSAR EL-KÉBIR

AU PAYS DES CHÉRIFS

De Fez à Tanger (par El-Ksar El-Kébir)

I

Notre guide nous apprend que notre malade d'Abbassi, Sidi El Haoussine, le frère du premier Ministre, est de retour à Fez. Après déjeuner, nous nous faisons conduire à son palais, situé à Fez-El-Djedid auprès des quartiers du Mahrzen.

Sur l'ordre du maître de la maison, on nous introduit immédiatement; mais, comme il faut laisser aux femmes le temps de disparaître, nous devons attendre quelques instants, dans la vaste antichambre, qui précède la cour intérieure de toutes les maisons mauresques et qui sert ordinairement de parloir.

Cette cour intérieure du Palais où nous nous trouvons est une vraie merveille. Toute pavée de mosaïques, elle est entourée d'arcades mauresques, qui soutiennent une large galerie de bois de cèdre, artistiquement fouillé et ajouré. De hautes portes, également en bois de cèdre sculpté, s'ouvrent tout autour sur les appartements.

La pièce dans laquelle El-Haoussine nous reçoit est tendue, à hauteur d'homme, de draperies de velours et de satin, brodées d'or. Le parquet disparaît sous un tapis extraordinairement épais et le plafond, orné d'arabesques et de moulures, est du plus charmant effet.

Sidi El-Haoussine, à demi-étendu sur une pile de riches coussins, nous fait asseoir auprès de lui. Il nous a reconnus immédiatement et nous réitère ses vifs remerciements pour les remèdes que nous lui avons donnés. Il fait apporter du thé, des confitures et des gâteaux au miel ; puis il nous exprime son désir de nous être agréable. Il nous offre de nous faire obtenir, si nous le désirons, une audience privée du sultan et insiste pour que nous revenions le voir.

Le sultan vient de recevoir notre Ministre plénipotentiaire qui venait lui présenter ses lettres de créance.

Le *Méchouar*, ou cour des Ambassadeurs, où a eu lieu cette audience officielle, est situé dans la première enceinte du Palais. Cette cour est immense ; elle a une superficie d'au moins dix à douze hectares. Entourée de hautes murailles en pisé et flanquée, aux quatre coins, de lourds bastions délabrés, elle communique par une superbe porte avec l'intérieur du Palais impérial.

Le représentant de la France et sa suite pénètrent à pied dans le *Méchouar*, personne n'étant admis à cheval dans l'intérieur du Mahrzen. Les troupes du Sultan font la haie et présentent les armes de la façon la plus grotesque. La musique fait entendre ses plus discordantes symphonies. Une antique voiture de gala, toute dorée, a été sortie pour la circonstance. On se demande ce qu'elle fait là, dans un pays sans routes, où l'usage des charrettes est absolument impossible. C'est, paraît-il, un cadeau fait au Sultan par le gouvernement anglais. Il sert à la mise en scène des grandes cérémonies.

La porte par laquelle doit arriver le souverain est enjolivée de belles arabesques. Elle produit un grand effet au milieu de cette cour aux murs noirâtres et lézardés.

D'abord, sortent les principaux dignitaires de la Cour : Ministres, grands officiers, etc... puis de beaux esclaves nubiens amènent, en mains, six superbes chevaux blancs tout sellés, ensuite l'indispensable éléphant, monté par son rutilant cornac ; enfin, l'Empereur arrive lui-même à cheval, dans le même appareil exactement que celui dans lequel nous l'avons vu hier.

Précédé du *Caïd Mechouar*, son cheval est tenu en mains, de chaque côté, par deux grands nègres, taillés en hercules ; un autre esclave élève sur sa tête le parasol rouge et les deux chasse-mouches agitent autour de lui des linges blancs,

Après avoir franchi la porte, il s'arrête, impassible sous l'éclatante blancheur de ses voiles.

Tous les assistants s'inclinent profondément devant la personne sacro-sainte du Kalife, souverain maître de la vie et des biens de tous ses sujets.

Le caïd Mechouar fait quelques pas au devant de l'ambassadeur qui, lui-même, avance avec son premier drogman.

Les compliments d'usage échangés, le Ministre remet ses lettres de créance et prononce une harangue dans laquelle il exprime à S. M. Chérifienne les sentiments de bonne amitié que le Gouvernement de la République professe à l'égard du chef vénéré des croyants et le désir de la France d'entretenir toujours les meilleures relations de voisinage avec l'Empire du Moghreb.

Ce discours est traduit au Sultan qui répond d'une voix basse et monotone quelques mots que l'interprète repète ensuite, en français, au Ministre de France.

Puis notre représentant salue le sultan; les écuyers font faire un demi-tour au cheval de l'Empereur et il disparaît avec sa suite sous la porte mauresque du bastion.

L'entrevue a juste duré quatorze minutes ; le double, dit-on de celle qui a été accordée à l'ambassadeur anglais lors de son dernier voyage à Fez.

Après la cérémonie, le premier drogman de la légation, appelé par le Ministre des affaires étrangères du Sultan, est resté seul avec lui, en conférence, depuis onze heures jusqu'à deux heures après-midi.

Abdesselem B., qui a causé avec plusieurs hauts fonctionnaires de la cour, dit que l'on se montre très satisfait, dans l'entourage du Sultan, de l'extrême modération des demandes formulées par l'ambassadeur et des offres d'appui du gouvernement français pour résister aux prétentions excessives de certaines puissances.

Depuis trois jours, il n'a pas cessé de pleuvoir. Fez est encore plus sombre et plus lugubre sous ces ondées torrentielles qui transforment les rues en impraticables bourbiers. La ville sue la tristesse. Enfermés dans notre chambre sans fenêtres, nous sommes forcés, pour avoir de l'air et du jour, de laisser grande ouverte la haute et large porte à deux battants ouvrant sur notre petite cour intérieure, ce qui nous donne, pour toute perspective, la vue des murs ruisselants de cette espèce de puits dans lequel ne pénètre qu'un filet de lumière.

Ces trois journées nous ont paru mortellement longues. On ne saurait, en effet se rendre compte de l'effet démoralisant d'une aussi longue inaction, au fond de ce pays sauvage, dans cette immense ville morte, où l'on se sent plus seul et plus perdu qu'au milieu d'un désert.

Nous avons consacré notre après-midi à la visite du *Mellah*. C'est le quartier spécial dans lequel sont parqués les Juifs. Le mot *mellah* veut dire salé, ou terre salée, terre maudite.

Les Juifs sont très nombreux au Maroc, bien qu'ils y soient traités en parias et n'y soient tolérés qu'en raison des services réels qu'ils rendent aux musulmans, auxquels ils servent d'intermédiaires pour le commerce des produits de l'industrie européenne. On évalue leur nombre à plus de 400.000, établis dans toutes les grandes villes de l'Empire, où ils se livrent au trafic des marchandises et de l'argent. On en compte à Fez plus de 12.000, y vivant dans un état d'avilissement incroyable.

Non seulement, ils sont enfermés dans le *Mellah*, mais un costume particulier leur est imposé. Ils sont tous vêtus d'une sorte de longue lévite de couleur sombre et coiffés d'un mouchoir de cotonnade bleue, noué sous le menton. Les couleurs vives leur sont absolument interdites. Il leur est également défendu de monter à cheval et de porter des armes. Lorsqu'ils sortent de leur quartier et qu'ils viennent dans la ville, ce qui d'ailleurs est assez rare, s'ils passent devant une mosquée, ils doivent se déchausser, passer rapidement en courbant le front et en rasant les murs ; ils sont constamment exposés aux injures et aux outrages des Marocains ; un enfant peut impunément leur cracher à la face, leur jeter des immondices au visage, sans qu'ils aient le droit de se plaindre.

Malgré le mépris de toute cette population qui les entoure, les juifs ont, au Maroc comme ailleurs, le monopole des grosses affaires et détiennent en réalité une grande partie de la fortune du pays. Mais, en gens prudents et timorés, les plus riches eux-mêmes affectent des apparences misérables, afin de soustraire leur fortune à la cupidité du Sultan et de sa Cour. Ils sont frappés de lourds impôts et sont en butte aux exactions de toutes sortes des fonctionnaires impériaux ; mais ils supportent tout sans murmurer, attachés qu'ils sont à ce pays où ils peuvent, malgré tout, amasser et enfouir, et satisfaire leur insatiable amour de l'or.

Le quartier du *Mellah* est incontestablement le plus sale, le plus infect de toute la ville de Fez. Les maisons y sont plus sombres, les murs plus crasseux, les rues plus étroites et plus puantes que partout ailleurs. Ce ne sont, dans tous les coins, que tas d'immondices, cloaques empestés, bourbiers nauséabonds. Et, dans cet immense dédale de ruelles qui s'entrecroisent, grouille une population d'êtres loqueteux, couverts de crasse et de vermine. La plupart des enfants ont la tête pelée de teigne, le nombre des syphilitiques et des scrofuleux est énorme et, à chaque pas, on rencontre des malheureux dont les jambes tuméfiées sont rongées d'ulcères hideux.

Nous sortons du *Mellah*, profondément écœurés, nous demandant comment des êtres humains peuvent consentir à vivre dans un tel état de sordide abjection !

Depuis que nous sommes à Fez, nous passons presque toutes

nos soirées en longues conversations avec Abdesselem B. et Omar Barrada, notre hôte. Par eux, nous obtenons des renseignements très intéressants sur cet empire du Maghreb, sur ses habitants, sur leurs mœurs et sur l'organisation politique de cet Etat, soumis à la plus étroite des autocraties.

Le Sultan, souverain politique et religieux, possède un pouvoir absolument illimité. Il n'obéit qu'à son bon caprice et à la crainte des séditions. Il est le maître omnipotent. Il dispose, à son gré, de la vie et des biens de tous ses sujets, dont la fortune lui appartient en propre.

Ceux qui possèdent quelque chose s'empressent de le cacher;

MARCHAND D'EAU

sinon, on le leur prend et, s'ils résistent, on les tue. Mais lorsque les fonctionnaires impériaux se sont bien enrichis, à l'aide des pouvoirs qu'ils détiennent de l'Empereur, c'est le Sultan qui, à son tour, intervient et les dépouille de tout ce qu'ils ont volé, en employant, au besoin, les moyens les plus barbares, les plus cruellement féroces. Des tortures de la sauvagerie la plus raffinée sont inventées pour délier la langue des têtus qui refusent de livrer leur trésor. Tantôt, le patient est enfermé, nu et debout, dans une étroite cage hérissée de pointes acérées jusqu'à ce que, vaincu par la fatigue, il soit forcé de s'abandonner et de s'appuyer sur des dards aigus qui pénètrent peu à peu dans ses chairs.

Tantôt on l'enterre jusqu'au cou, la tête enduite de miel, livré à la faim, à la soif et aux piqures des insectes. Ou encore, c'est cet abominable supplice qui consiste à taillader la paume des mains jusqu'aux os, à saupoudrer les plaies béantes avec du sel et après avoir replié les doigts dans ces horribles blessures, à enserrer les poings du martyrisé dans un fragment de cuir mouillé, étroitement cousu, qui se rétrécira en séchant, de telle sorte que les ongles, en poussant, pénètrent lentement dans les chairs vives. Par un raffinement inouï de cruauté, les malheureux, soumis à cette infernale torture, sont, par exception, nourris avec soin et un gardien veille constamment auprès d'eux pour les empêcher de se briser la tête contre les murs.

Tel est le sort des Pachas et des Caïds qui tentent, par leur trop grande fortune, la cupidité du Sultan.

Quant aux fellahs, aux paysans, se sachant à la merci complète de leur caïds, ils ne mettent en culture et ne produisent que ce qu'ils jugent rigoureusement nécessaire aux besoins de leur famille et au paiement de l'impôt. Le sol qu'ils cultivent ne leur appartenant pas en propre et la majeure partie de leur récolte leur étant enlevée sous prétexte de dîme, de redevances et de taxes absolument arbitraires, ils n'ont aucun stimulant au travail et nul intérêt à améliorer une production dont on ne les laissera pas profiter. Aux plus mauvaises époques de la Féodalité, jamais les serfs de nos provinces n'ont dû être opprimés à ce point. Ce peuple fataliste est le seul qui soit capable de supporter avec résignation, depuis des siècles, un pareil régime.

Cependant on voit souvent des tribus, exaspérées, se soulever contre leurs Caïds, les assiéger parfois dans leur bordj et les massacrer. Les rebelles savent quels châtiments terribles les attendent ; mais ces malheureux préfèrent sans doute la mort à cet état de souffrances et de privations qui est le leur.

Dans ces derniers temps, la vie est devenue encore plus difficile pour le peuple marocain. Autrefois l'exportation des grains était rigoureusement interdite. Tout ce que le sol du Maghreb produisait en céréales restait dans le pays et assurait l'alimentation de ses habitants. On conservait ainsi, pour les années de disette, tout ce qui n'était pas employé pour les besoins locaux. Il en résultait naturellement que ces produits, indispensables à l'existence conservant sur place une valeur relativement minime, le prix de la main d'œuvre était en proportion avec le coût des denrées de première nécessité et la valeur conventionnelle de l'argent, considérablement supérieure à celle qu'on lui attribuait en Europe. Un ouvrier vivait aisément avec un grich (0 fr. 25 centimes) par jour, car le blé ne valait pas plus de 4 à 5 francs les cent kilos et la viande de 15 à 20 centimes le kilo.

Or, en 1889, le Sultan Mouley-Hassan, s'étant cru obligé de céder à la pression du gouvernement britannique, qui exigeait la liberté d'exportation des grains, a levé l'interdiction qui les frappait moyennant un droit de sortie de 16 réaux par fanègue (8 francs environ par cent kilos.)

Aussitôt, les négociants Européens de la côte se sont empressés de draîner tous les approvisionnements de grains qui existaient dans l'intérieur du pays et la concurrence n'a pas tardé à établir dans les ports du littoral une mercuriale en rapport avec les prix du marché européen. D'où, hausse considérable sur les céréales dans le pays de production. Mais la rémunération de la main d'œuvre n'ayant pas augmenté dans la même proportion, il en résulte une rupture d'équilibre, toute au préjudice du travailleur qui ne peut plus se nourrir aux mêmes conditions. En outre, l'argent, devenu plus abondant par suite des exportations, commence déjà à perdre de sa valeur, ce qui occasionne fatalement un sensible renchérissement de la vie matérielle.

Les récoltes des dernières années ayant été assez bonnes, le pays n'a pas trop souffert du nouvel état des choses ; mais, viennent des années mauvaises où la récolte peut presque complètement manquer, dans certaines provinces, comme cela arrive périodiquement dans ces contrées, et il règnera alors, au Maroc, une famine épouvantable que rien ne pourra conjurer ; car le peuple ne possède plus la moindre épargne, ni en céréales, ni en argent.

C'est en prévision de cette effrayante éventualité que les souverains du Maghreb interdisaient absolument autrefois la sortie des grains de l'Empire.

Aujourd'hui, le Maroc se trouve fatalement exposé à tous les inconvénients des demi-mesures. Sans industrie, sans aucune autre ressource que celles qu'offre l'agriculture, sans routes ni moyens de communication, ce pays ne possède aucune des ressources dont peuvent user les nations civilisées pour conjurer la famine.

En effet, le transport à grandes distances, à dos de chameaux ou de mulets, des produits indispensables à l'alimentation, augmente leur valeur dans des proportions exorbitantes. Ainsi, le blé, lorsqu'il vaut 18 francs le quintal dans les ports du littoral, ne se vend pas plus de 8 francs à Fez, parce que les frais de transport des marchandises au point de la côte le plus rapproché, à Larache, sont d'environ 10 francs par quintal métrique : dix fois plus que le prix de transport par chemin de fer, en Europe!

Si la disette vient à nécessiter, pour les Marocains, l'achat de grains étrangers, il est facile de comprendre que ce même blé qui coûtera, par exemple 21 francs les 100 kilos à Marseille, vaudra 24 francs à Tanger ou Larache et 34 ou 35 francs à Fez. Et si l'on ajoute à ce prix le bénéfice prélevé par les divers intermédiaires, on peut calculer que ce blé ne serait certainement pas vendu, en détail, à moins de 40 francs les 100 kilos, c'est-à-dire cinq fois plus que dans les années normales.

Comment les malheureux *fellahs*, qui vivent aujourd'hui avec quatre à cinq sous par jour, pourraient-ils supporter un pareil accroissement de dépenses ?

Ce que nous venons de dire pour le blé est encore plus frappant pour l'orge, produit plus pauvre, qui peut encore moins supporter les énormes frais de transport dont toute marchandise est forcément grevée. De 2 fr. 50 à 3 francs par 100 kilos, prix auquel elle se vend ordinairement à Fez, si on devait l'importer d'Europe, elle reviendrait à 30 ou 35 francs aux habitants de la capitale du Maroc.

Il y a là, pour l'Empire Chérifien, une question économique de la plus haute gravité. Ce pays va se trouver périodiquement, si on n'y avise, en présence de calamités épouvantables, sans exemple peut-être dans l'histoire des nations.

Les impôts sont établis de la façon la plus arbitraire.

Tout d'abord, chacun est soumis au paiement de la dîme, sur les revenus agricoles et les troupeaux. Mais la dîme est, en réalité, bien supérieure au dixième des produits, car la taxation des producteurs est laissée au bon plaisir de l'*amin*, qui est en quelque sorte le percepteur. Celui-ci fixe arbitrairement le nombre d'almuds d'orge ou de blé que chaque habitant doit lui livrer. Dans la pratique la dîme varie de quatre à sept dixièmes.

Si on vend un cheval ou un bœuf, l'acheteur et le vendeur doivent payer un droit de cinq pour cent ; mais la plupart du temps le Caïd oblige le vendeur à lui verser la presque totalité de la somme qu'il a touchée.

A l'occasion des fêtes religieuses du Mouloud, de l'Aïd-El-Kebir, et de l'Aïd-Serhir, chaque Gouverneur ou Caïd doit apporter ou envoyer des cadeaux à l'Empereur. Inutile de dire que ce sont les malheureux fellahs qui font les frais de ces libéralités.

Une autre contribution est la *mouna*, dont nous avons déjà eu l'occasion de parler. Elle est généreusement offerte par le Gouvernement chérifien aux voyageurs officiels qui traversent le Maroc et d'autant plus importante que le Sultan veut faire plus d'honneur à celui auquel il l'accorde.

C'est le Gouverneur de la ville, le Caïd ou le Cheik, qui fixe l'importance de la *mouna* à offrir. Chacun de ses administrés doit contribuer selon sa situation. Aussi est-ce l'occasion d'un bénéfice considérable pour le chef qui opère la perception et la meilleure part de ce qu'il a reçu reste entre ses mains.

Lorsqu'une ambassade européenne se rend auprès du Sultan, non seulement elle est défrayée de tout ce qui est nécessaire à la nourriture des gens et des animaux, pendant la route, et cela avec une scandaleuse prodigalité, qui plonge dans la misère noire les habitants des tribus qu'elle visite, mais le séjour des ambassadeurs et de leur suite, dans la capitale, est entièrement à la charge des malheureux Marocains. Il n'est pas jusqu'aux meubles, dont on garnit l'habitation du ministre européen, qui ne soient fournis par les sujets de Sa Majesté chérifienne. Le Marhzen ne fournit pas un tapis, pas une chaise. Les contribuables pourvoient à tous les besoins des envoyés des grands Etats européens et le budget impérial ne supporte pas de ce chef un centime de dépense.

Les provisions de bouche à fournir, chaque jour, dépassent toujours considérablemant les besoins réels. Ainsi, une des dernières ambassades venues à Fez, recevait journellement huit moutons, cent poulets, cinq cents œufs, deux jarres de beurre, des masses de légumes, douze pains de sucre, vingt paquets de bougies, deux grandes boites de thé, cent almuds d'orge etc., etc... Tout ce qui ne peut être consommé est revendu à leur profit par les gens de l'escorte du ministre plénipotentiaire; car loin de chercher à

LES TROIS GRÂCES

modérer ces prodigalités, celui auquel est offert la *mouna* doit rehausser son prestige par une très grande exigence ! Aussi l'arrivée des missions européennes est-elle considérée comme un fléau pour les contribuables.

Il existe encore bien d'autres impôts. Ainsi, quiconque veut aller vendre ses produits à la ville doit acquitter, à l'entrée, les droits de porte, calculés sur le dixième de la valeur des marchandises.

Pour simplifier le système de perception, le Sultan traite avec un fermier moyennant une redevance annuelle fixe. Il en est de même pour l'impôt perçu sur les produits industriels du pays. Il y a un fermier général pour les droits sur la fabrication des babouches, un pour les droits sur les haïks, un autre pour les tapis, etc. A Fez, le droit des portes seul est annuellement affermé pour 15,000 douros soit 75,000 francs. Les fermiers se remboursent en volant indignement les malheureux Marocains auxquels ils font payer arbitrairement ce que bon leur semble.

Il est fort rare que le contribuable ose aller se plaindre des exactions dont il a été victime : il est certain de recevoir la bastonnade et d'être jeté en prison pour s'être permis de protester contre les actes d'un chef.

En dehors des tribus berbères, qui se révoltent contre ces inqualifiables abus et ont secoué le joug du sultan auquel elles refusent de payer des impôts, le reste du peuple marocain, abruti, opprimé, chez qui la crainte a annihilé tout autre sentiment, vit généralement dans une résignation fanatique, courbant l'échine et acceptant les souffrances terrestres, avec l'espoir de trouver, au paradis de Mahomet, les joies qui lui sont refusées ici-bas.

Il est fort difficile d'évaluer exactement le budget de l'empire chérifien, car ni le sultan, ni ses ministres, ni aucun de ses fonctionnaires ne tiennent de comptabilité.

En fait, un seul chapitre est prévu. C'est celui des recettes. Elles s'élèvent, dit-on, pour la part qui arrive jusqu'au trésor impérial, à une douzaine de millions. C'est bien peu pour un pays aussi vaste et aussi richement doté par la nature ; mais il faut considérer que, faute d'une organisation intelligente, de moyens de communication et de sécurité, cette contrée si fertile est presque complètement inculte.

Quant aux dépenses, elles se résument, à peu de chose près, aux seuls frais de la maison impériale et du harem.

Les fonctionnaires, nous l'avons dit, ne sont pas payés. Il n'y a pas de travaux publics. L'armée se compose, nominalement, d'une vingtaine de mille hommes qui sont censés recevoir une solde de quatre sous par jour avec laquelle ils doivent se nourrir et se loger. Mais elle n'est jamais levée que partiellement en vue d'expéditions contre les tribus qui refusent de payer l'impôt et, dans ce cas, les corps de troupes sont entretenus par les habitants des provinces qu'ils traversent.

La plus grosse dépense est celle du harem. Le sultan y entretient sept cents femmes et un grand nombre d'enfants. En ajoutant les esclaves attachées à leur service et les eunuques préposés à leur garde, cela porte le personnel du harem à plus de deux mille personnes qu'il faut nourrir, habiller et parer.

On ignore quel est le nombre exact des enfants du Sultan ; mais il doit être considérable si on en juge par la progéniture d'un de ses prédécesseurs Mouley-Ismaïl qui a laissé huit cents garçons et cinq cents filles légitimes.

L'entretien d'une pareille famille est fort coûteux, mais il n'absorbe pas pourtant tous les revenus de l'Empereur. Le reliquat va grossir, chaque année, le fameux trésor des Sultans.

Personne ne connaît l'importance de ce trésor, et il est probable que le Sultan l'ignore lui-même. Mais il doit être considérable puisque, depuis des siècles, tous les souverains qui se sont succédé au Maroc, se sont constamment efforcés de l'augmenter.

Le trésor était autrefois à *Mekinez*. Il a été, depuis un certain nombre d'années, transporté à *Tafilet*, oasis située à vingt journées de marche de Fez.

Le Sultan a probablement pensé que la ville de *Mekinez* n'était pas suffisamment éloignée de la côte et qu'elle était trop facilement accessible aux chrétiens dans le cas d'une invasion des infidèles.

Pour arriver à la ville de *Tafilet*, pays originaire des sultans actuels, il faut, en effet, traverser la haute chaîne du grand Atlas et s'engager dans le désert du Sud Marocain. Or, si le versant nord de l'Atlas jouit, au Maroc, d'un climat relativement tempéré, grâce aux brises de l'Océan, il n'en est certes pas de même du versant sud qui est exposé aux effroyables tempêtes du simoun, ou *shoune*, comme disent les Marocains. Ce vent terrible convertit le désert en tourbillonnantes vagues bien plus dangereuses encore que celles de la mer. Il peut durer plusieurs jours sans aucune trêve et constitue un véritable péril pour les voyageurs. Dès qu'il s'élève les caravanes sont forcées de replier les tentes en toute hâte et de poursuivre nuit et jour leur route, sans s'arrêter un seul moment; car les flots de sable qu'il soulève s'amoncèlent si rapidement, que tout objet qui ne bouge pas est recouvert en peu d'instants. Des caravanes entières ont été enterrées vives sous ces montagnes mouvantes. Aussi les voyageurs ne peuvent-ils se diriger au milieu de cet océan de sable qu'en s'orientant sur les astres. Souvent le souffle embrasé du simoun tarit, jusqu'à la dernière goutte, l'eau renfermée dans les outres, laissant la caravane en proie à tous les supplices de la soif.

Dans de pareilles conditions, il est bien certain que *Tafilet* ne serait pas facile à attaquer, pour une expédition européenne et que le Trésor des Sultans est mieux gardé par la barrière de sable qui le sépare du monde civilisé qu'il ne pourrait l'être partout ailleurs par les troupes chérifiennes.

Le Sultan vient de donner une longue audience d'affaires à notre ambassadeur qui a demandé et obtenu l'abrogation de la défense absolue de sortie qui frappait divers produits marocains.

Les minerais (sauf celui de plomb dont l'exportation reste rigoureusement prohibée), le liège, les écorces et les bois de cèdre et d'arar pourront désormais être exportés, moyennant un droit fixe de sortie.

En outre, les droits de douane, à l'entrée seront réduits à 5 % *ad valorem* sur les produits suivants : tissus de soie, pierres précieuses, bijoux d'or et d'argent, pâtes alimentaires, vins et spiritueux.

En retour, la France accordera au Maroc, pour l'introduction de ses produits, le traitement de la puissance la plus favorisée.

Mais un tout petit article a été ajouté à la convention par le gouvernement marocain : « Les écorces, bois, lièges et minerais, « ne pourront être achetés aux indigènes que dans les ports du « Maroc, actuellement ouverts au trafic avec l'étranger ».

Cette petite clause, introduite au dernier moment, est un vrai modèle de l'astuce de ces diplomates marocains qui sont décidément très forts.

Grâce à elle, le traité peut être éludé à volonté par le Sultan,

FEZ — VUE A VOL D'OISEAU

puisqu'il lui suffira de défendre à ses sujets d'apporter aucun des produits visés dans les ports ouverts au commerce, pour qu'aucune exportation ne puisse se faire.

Du reste, pour pouvoir embarquer du minerai, il faudrait avoir le droit d'exploiter les mines, ce qui est formellement interdit.

Le contrat que l'ambassadeur d'Angleterre voulait imposer au Sultan, quelques mois avant notre arrivée à Fez, était bien autrement conçu. Il demandait, entre autres privilèges, la liberté absolue, dans tous les ports, avec faculté de résidence pour ses nationaux, de faire le commerce de tous articles sans aucune restriction ; la suppression de la prohibition de sortie et de tout monopole sur tous objets, autres que le tabac, l'opium, les armes et le plomb; le droit d'entrée pour toutes les marchandises venant d'Angleterre; la réduction du droit d'entrée pour un grand nombre de produits anglais ; la liberté absolue du cabotage de tous les produits du pays ; le droit, pour la Grande-Bretagne, de construire sur tous les points de la côte qui lui sembleraient favorables, des jetées et

FEZ — VUE A VOL D'OISEAU

des phares ; l'établissement du droit de réciprocité de pavillon; la faculté, pour les Anglais, d'acheter et de vendre des terres et des immeubles sur toute l'étendue du territoire marocain ; la concession du droit de pêche sur les côtes et enfin la création de tribunaux mixtes pour le jugement des litiges entre Anglais et Marocains.

La conclusion d'un pareil traité eut été, pour nos bons amis d'Outre-Manche, un vrai succès diplomatique. Le Sultan refusa de le signer. Mais on peut se demander si une pareille convention, conclue, non pas au profit exclusif du gouvernement britannique, mais dans l'intérêt de toutes les puissances européennes, ne serait pas désirable pour tous les États de l'Europe. Elle ouvrirait au

commerce les portes de cet important marché qu'est le Maroc et chacun profiterait de ce nouvel état de choses.

Malheureusement l'entente avec toutes les nations est bien difficile et le gouvernement chérifien profite, en attendant, de ce manque d'union entre tous les intéressés pour fermer ce vaste empire à tout idée de progrès, à toute civilisation.

Nous espérions regagner Tanger avec notre ambassadeur. Mais, comme toujours, le Sultan, afin de lasser la patience de notre représentant, l'oblige à prolonger encore son séjour à Fez. Il ignore lui-même l'époque à laquelle il lui sera permis de se remettre en route. Dans ces conditions, nous renonçons à l'attendre et nous décidons de quitter la capitale marocaine le plus tôt possible. Nous sommes fatigués de cette existence que nous menons depuis deux semaines. Il nous tarde de retrouver un peu de confortable. Notre installation est loin d'être luxueuse et la nourriture à laquelle nous oblige le manque de variété des denrées que nous pouvons nous procurer à Fez, nous a complètement détraqué l'estomac.

Aussi, dès que notre ambassadeur nous a fait part de ses intentions nouvelles, nous nous empressons de prendre toutes nos dispositions pour nous mettre en route dès le lendemain.

Nous trouvons justement un indigène qui rentre à Tanger et qui nous promet de venir nous prendre à la première heure avec trois mulets de charge.

Nous avons demandé un « Mokrasni » ; tout est prêt pour le départ, lorsqu'à six heures du soir, nous apprenons que notre muletier vient d'être mis en prison et que si nous voulons ne pas perdre les arrhes que nous lui avons remis, il faut, au plus tôt, faire une démarche auprès du Pacha. Nous voilà donc contraints de retarder l'heure à laquelle nous devrions quitter Fez.

Nous passons toute notre matinée du lendemain à nous occuper de la mise en liberté de notre muletier. Nous parvenons enfin à le délivrer, en versant 25 francs au chef de la police. Nous décidons de nous mettre en route à 1 heure et d'aller coucher à *M'zala de Farradji*. Mais, cette fois, c'est le « Mokrasni » qui ne se rend pas au rendez-vous et nous sommes obligés de passer encore une nuit à Fez. C'est heureusement la dernière ! Demain, au petit jour, nous pourrons, espérons-le, reprendre le chemin de Tanger.

II

Bien que levés dès l'aurore, ce n'est qu'à 8 heures du matin que nous franchissons les portes de Fez. Nos hommes nous ont encore fait attendre pendant deux grandes heures.

Il tombe une petite pluie fine qui ne promet rien de bon pour cette première journée de marche. Par ce temps gris et triste, les hautes murailles à créneaux pointus, tous ces lourds bastions qui entourent étroitement la ville et lui donnent l'aspect d'une immense citadelle, ont un air morne et sinistre. C'est sans regret que nous quittons la sainte capitale du Moghreb, cette immense ville de Fez, si inhospitalière aux chrétiens, qui sue la tristesse et la décrépitude, et nous laisse l'impression d'une cité, jadis admirable, mais maintenant tombée en ruines.

Dès la sortie de la ville, notre « Mokrasni », un vieux soldat, originaire de Fez, qui nous lance des regards peu sympathiques, prétend que son cheval est déferré et nous invite à continuer notre route sans lui. Il nous rejoindra à l'étape ; c'est, du moins, ce qu'il nous assure. Notre guide Amsellem qui, lui, ne partage pas la haine de ses coreligionnaires à l'égard des chrétiens, nous explique, en riant, que le Mokrasni a cherché un fallacieux prétexte pour éviter d'être vu, aux environs de sa ville natale, en compagnie « de chiens de roumis ». C'est là le vrai motif de son départ subit.

Nous reprenons, sans ce protecteur officiel, notre route. Le sentier que nous suivons, le même d'ailleurs que nous avons parcouru à l'aller, est fréquenté par une foule de piétons et de cavaliers qui vont à Fez ou en reviennent. Beaucoup de ces caravanes que nous croissons se rendent en pèlerinage à *Mékinez* et à *Z'roun*. Dans cette dernière ville, se trouve une mosquée, célèbre dans tout l'Islam, élevée à la mémoire de Mouley-Idrin, un saint très vénéré en pays musulman.

La plaine immense que nous traversons est couverte, à perte de vue, de tiges sèches de fenouils sauvages. Ces tiges, d'un jaune éclatant, hautes de plus de deux mètres, poussées drues comme des chaumes, donnent à la campagne un aspect tout particulier. Ce n'est plus l'océan des épis dorés, qui ondulent au moindre souffle de la brise, lorsque vient le moment de la moisson, c'est une liliputienne forêt de minuscules arbustes desséchés qui s'étend à l'infini et que nuance un chaud reflet d'or.

Le paysage ne manquerait vraiment pas de charme si, à tout instant, nous n'avions la vue et l'odorat désagréablement affectés par l'odeur des bêtes crevées, en complète décomposition, que nous rencontrons sur notre route. Le chemin de Tanger à Fez, constamment sillonné par les caravanes, est un véritable ossuaire, un charnier infect et repoussant. Chaque jour, les bêtes de somme qui, épuisées de fatigue et de vieillesse, s'abattent sur le sentier que nous suivons, sont abandonnées là où elles sont tombées. Elles deviennent la proie des chacals et des corbeaux et leurs os blanchis indiquent au voyageur la voie qu'il doit parcourir.

Nous traversons sans nous y arrêter *la N'zala de Farradji* et, peu de temps après l'avoir dépassée, nous rencontrons un groupe formé de cavaliers et de piétons qui se dirigent sur Fez. En tête de la troupe se trouve un grand mulâtre, taillé en hercule qui attire notre attention par son air exalté et ses gestes désordonnés. Au moment où nous le croisons, il se précipite sur nous et fait le geste de tirer de sa gaîne le poignard que tout Marocain, à quelque degré social qu'il appartienne, porte sous son burnous.

Voyant ce mouvement agressif, nous nous mettons en garde, mais Amsellem, notre guide, qui a entendu les cris de cet énergumène et a compris ses intentions, se précipite et lui assène sur la tête un coup de gourdin qui l'envoie rouler à terre. Ses compagnons le relèvent et, au lieu de prendre fait et cause pour lui, ils l'agonisent de sottises et nous expliquent que cet homme est un illuminé qui revient du pèlerinage de Mouley-Idrin où il prétend que ce saint vénéré lui est apparu et lui a ordonné de tuer les « chiens de Nazaréens ».

Nous laissons ce forcené se débattre au milieu de ses coreligionnaires qui le maintiennent et nous continuons notre route.

A 10 heures, nous tournons à droite et, quittant la plaine, nous cheminons, pendant deux heures, dans une région rocailleuse. Puis, nous passons sur un large plateau, au milieu duquel l'*Oued Mahouba* roule ses eaux dans une grande crevasse qui serpente dans la campagne et dont les berges profondes semblent taillées dans le roc. La route traverse ensuite une région absolument aride où végètent péniblement quelques maigres buissons épineux de jujubiers sauvages. Nous avons laissé nos muletiers loin derrière nous, accélérant notre marche le plus possible. Ce n'est cependant qu'à 1 heure 1/4 que nous arrivons au pont de *M'kès* où nous avions décidé de faire la halte du déjeuner.

Dans la jolie petite vallée que borde la rivière, nous trouvons un camp tout préparé pour recevoir un caïd qui a quitté Fez, le matin même, avec une nombreuse suite et qui, voyageant tranquillement, à petites journées, envoie, chaque jour, une partie de ses gens à l'avance, de façon à trouver toujours, en arrivant à l'étape fixée, les tentes dressées et le repas préparé.

Nous l'avons rencontré et dépassé, il y a plusieurs heures. Il était accompagné de nombreux cavaliers et suivi d'une vingtaine de serviteurs, surveillant un volumineux bagage. Il emmenait avec lui quatre femmes, couvertes, de la tête aux pieds, d'épais haïcks et qui ressemblent à d'informes paquets de linge.

Quatre jolies petites négresses, de sept à huit ans, à peine couvertes d'un chiffon de mousseline de couleurs voyantes étaient juchées ensemble sur le dos d'un grand chameau et, au moment, où nous passâmes auprès d'elles, firent entendre de joyeux éclats de rire. Notre rencontre imprévue parut les avoir fort diverties, car longtemps après les avoir rencontrées, nous entendions encore leurs voix argentines égrenant les notes claires de leur rire enfantin.

La troupe du Caïd formait une longue caravane qui s'étendait sur une longueur de plus d'un kilomètre en trois groupes bien distincts. D'abord, les cavaliers ou *goum* d'escorte, suivis du Caïd, de ses serviteurs et de ses esclaves ; ensuite ses femmes et leur garde, enfin les mulets et les chameaux de charge.

A 2 heures, nous quittons la vallée de *M'kès*, sans avoir été rejoins par notre « Mokrasni ». Après deux heures et demie de marche, nous arrivons à la *N'zala de Beni-Amar* où nous jugeons prudent d'attendre nos bagages. Nous avons été bien inspirés : nos mulets de charge ne parviennent à l'étape qu'à 6 heures 1/2 du soir, c'est-à-dire à la nuit. Quant à notre protecteur officiel, au soldat du Sultan, ce n'est qu'à 7 heures 1/2 qu'il daigne nous rejoindre.

A LA N'ZALA DE BENI-AMAR

Il estime que maintenant sa réputation ne souffrira pas trop s'il est vu en notre compagnie !

La *N'zala de Beni-Amar* est encore plus boueuse et plus infecte que lorsque nous y avons campé à l'aller. Les pluies des jours précédents l'ont transformée en un bourbier nauséabond. Nous faisons nettoyer à grand peine un coin sur lequel nos tentes sont ensuite dressées, à tâtons, dans l'obscurité.

Nous soupons avec les provisions emportées de Fez, arrosées de quelques tasses de thé.

***

Nous quittons, à partir de *Beni-Amar*, le chemin que nous avions déjà parcouru, en allant à Fez. Nous laissons, à gauche, la route de *Ben-Chellia* et nous nous dirigeons, plus au nord, vers *Ouara*.

Le trajet est bien plus court par ce chemin ; mais le voyage très pénible, car le pays est extrêmement accidenté. Nous ne trouverrons plus de bordj de Caïd, sous la protection duquel nous puissions passer les deux nuits où nous allons encore coucher sous la tente ; mais nous commençons à nous habituer à la fatigue de ce voyage, et la perspective de gagner une journée entière de marche nous donne du courage pour supporter encore les dernières étapes de notre expédition.

Jusqu'à midi, nous suivons des sentiers de montagne où nous ne rencontrons plus ni gens ni bêtes. C'est la solitude absolue. A perte de vue, pas un gourbi, pas un hameau !

Le guide et le muletier essayent de tromper la monotonie du voyage en chantant, tour à tour, des complaintes sur un rythme languissant. Leur voix s'élève au milieu du silence absolu de la nature et ces mélodies bizarres sont bien en harmonie avec la triste contrée dans laquelle nous nous trouvons, depuis le matin.

Vers midi, nous descendons dans une étroite vallée au milieu de laquelle coule l'*Oued-Sebaou*. Nous longeons ce fleuve pendant plus d'une heure, en suivant sa rive gauche jusqu'au gué où il nous sera possible de le traverser. A cet endroit, les eaux du fleuve sont très rapides et très profondes ; ses bords verdoyants sont couverts d'ajoncs épineux.

A 1 heure 1/2, nous atteignons le point où la rivière est guéable. L'endroit est d'ailleurs facile à reconnaître : il se trouve juste en face d'une énorme roue de huit à dix mètres de diamètre, semblable à une roue de moulin, qui a été établie sur la rive opposée. Elle est mue par le courant et sert à monter, sur la berge, fort élevée, l'eau destinée à l'irrigation de beaux jardins d'orangers et d'arbres fruitiers. C'est l'unique machine hydraulique qui existe, paraît-il, dans tout l'intérieur du Maroc.

Nous descendons, par un petit sentier à pic, sur le bord vaseux du fleuve où nous trouvons une trentaine d'indigènes, hommes et femmes, qui prennent leurs dispositions pour traverser la rivière. Des mulets récalcitrants refusent de se mettre à l'eau. On les pousse, on les tire par la bride, on les soutient par la queue et on parvient, après des efforts inouïs, à les amener sur l'autre rive.

Nous lançons nos bêtes à l'eau et nous nous abandonnons complètement à leur instinct, car le courant est si violent que nous sommes pris, au milieu du fleuve, d'un vertige, qui nous oblige à fermer les yeux et à nous laisser aller au gré de nos montures. Les malheureux animaux luttent avec énergie contre le courant qui les entraîne; et les gros cailloux roulants qui garnissent le lit de la rivière les oblige a n'avancer que très lentement. Aussi cette traversée dure-t-elle huit ou dix minutes qui nous paraissent interminables. Enfin, nous arrivons, sains et saufs, sur la rive opposée. Nous sommes mouillés jusqu'à la ceinture; nos bagages sont complètement trempés; mais le chaud soleil a bientôt séché vêtements et colis et nous continuons, sans tarder, notre route.

Après avoir franchi une chaîne de montagnes, en suivant de véritables sentiers de chèvres, nous arrivons à 4 heures, devant l'*Ouara*.

Cette rivière est, à cet endroit, très large, mais peu profonde. Elle n'a guère plus d'un mètre d'eau. Nous la traversons sans grande difficulté.

Sur notre gauche, nous apercevons un grand village, entouré de belles plantations d'oliviers et de figuiers. Nous faisons halte au bord de la rivière, pour attendre nos muletiers qui sont restés en arrière et que nous ne voulons pas laisser voyager seuls, la nuit, avec nos bagages. Ils ne nous rejoignent qu'à 6 heures. Nous les attendons, assis sur la haute berge de l'*Ouara*, et nous assistons, un peu avant le coucher du soleil, aux allées et venues des femmes du village, qui se rendent à la rivière pour emplir de larges amphores.

Au contraire de celles que nous avons rencontrées dans les villes ou sur les routes, qui toujours étaient complètement voilées, celles-ci, qui ne se doutent guère de notre présence, arrivent, le visage découvert, et quelques-unes dans une tenue plus que négligée; c'est à peine si un méchant morceau d'étoffe est drapé autour de leur leurs reins. — Des jeunes gens viennent aussi à la rivière pour faire abreuver leur chevaux.

Dès l'arrivée de nos muletiers, nous nous dirigeons vers le village d'*Ouara*, pour y demander l'hospitalité. On nous y reçoit plus que froidement. Il nous faut parlementer pendant un long quart d'heure pour obtenir, à un prix excessif, un peu d'orge pour nos mulets. Nous faisons dresser nos tentes sur un terrain vague, placé au centre du village, en face d'un grand gourbi qui sert de mosquée aux habitants du pays.

Lorsque la nuit est tombée, une vieille femme vient, en cachette, nous offrir des œufs et du lait pour un « *douro* » — (cinq francs). — C'est pour elle une excellente opération et pour nous bonne aubaine. Nous n'avions pour dîner que quelques conserves et nous finissions par être fatigués de toujours absorber les mêmes mets. D'autant plus qu'après les journées de marche forcées que nous faisons, nous arrivons aux étapes, absolument harassés et sans aucun appétit. Si, au moins, nous pouvions dormir tranquilles! Mais, autant le silence est absolu dans les vastes solitudes que nous traversons pendant la journée, autant dans ces douars où nous campons, le vacarme est assourdissant, pendant la nuit. Les chiens aboient, les coqs chantent, les femmes se disputent, les veilleurs font entendre leur appel régulier et monotone; enfin, le muezzin chante son éternel « *Allah Kbar!* », tandis qu'au loin les hyènes et les chacals poussent leurs cris perçants. C'est un bruit infernal qui nous empêche de nous reposer de nos fatigues de la journée. Aussi, quand vient l'aurore, nous sommes presqu'aussi exténués que lorsque nous nous couchons.

***

Toujours la même antienne! Ces Marocains sont absolument incorrigibles. Nous avons beau nous fâcher, chaque matin, nous n'avons jamais pu obtenir que le départ puisse s'effectuer, dès le lever du jour.

A 6 heures 1/2, après avoir tempêté pour presser nos hommes, qui se hâtent avec une sage lenteur, nous nous mettons en route.

Une heure après, nous rencontrons l'important village de *Baghassous*, composé d'une centaine de gourbis. La contrée où nous nous trouvons est montagneuse et dénudée. Aussi loin que s'étend la vue, on n'aperçoit ni un arbre, ni même un buisson. Les terres paraissent cependant fertiles; mais elles sont complètement incultes. A 10 heures 1/2, nous passons au pied d'un village, perché sur le haut d'une colline très escarpée. On y monte par un sentier qui semble à peine praticable. Notre guide nous propose de nous y arrêter pour déjeuner; mais nous ne voulons pas perdre de temps et nous parvenons, à midi 1/2, au village de *Chemaha* où Amsellem, notre guide, voulait nous faire camper pour passer la nuit. Ce grand douar, établi à la naissance d'une fertile vallée, arrosée par de nombreux ruisseaux descendant de la montagne, paraît très important. Nous faisons halte, sous un bosquet de grands arbres, à flanc de côteau; au milieu de ce site ombragé, jaillit une fontaine d'eau limpide et fraîche.

Notre arrivée a mis en fuite une bande de petits enfants, à moitié nus, qui jouaient auprès de la source. Ils se sauvent, en poussant de grands cris d'effroi et ils ont l'air absolument terrifiés. Notre guide nous donne l'explication de la peur que nous avons inspirée à ces pauvres petits; les femmes marocaines racontent à leurs enfants les histoires les plus effrayantes sur les « chiens de chrétiens. » Nous sommes des monstres qui dévorons les enfants tout crus, quelque chose de pire que le légendaire Croquemitaine ou que l'ogre du Petit-Poucet. Aussi, nous comprenons pourquoi notre apparition soudaine a provoqué chez ces bambins une telle frayeur!

L'endroit où nous avons fait halte est délicieux. Nous y jouissons d'une vue admirable sur l'immense vallée qui se déroule à nos pieds Depuis notre départ de Fez, nous n'avions certainement pas encore rencontré de site aussi charmant! Aussi, est-ce à regret que nous quittons ces frais ombrages, pour recommencer notre route sous un soleil brûlant. La région que nous parcourons est d'une grande fertilité et les Marocains, par extraordinaire, la cultivent soigneusement. La terre est défrichée et les chaumes vigoureux et serrés prouvent qu'elle a été ensemencée par les indigènes. Le sol, noir et crevassé en cette saison, fait cependant supposer que les moissons, dans cette contrée, doivent être très abondantes.

Une particularité de la région est la quantité incroyable de scorpions que nous apercevons sur le sentier que nous suivons. Quelques uns sont énormes. Il y en a de rouges, de jaunes et de noirs. On prétend que la piqûre de ces derniers est presque toujours mortelle. Les Marocains assurent que l'antidote du venin du scorpion se trouve dans le corps de l'insecte lui-même. Aussi

SUR LES BORDS DE L'OUARA

s'empressent-ils lorsqu'ils sont piqués, d'écraser la bête et de l'appliquer sur l'endroit atteint.

Amsellem a soin de faire une provision de ces dangereux insectes qu'il saisit adroitement entre deux bâtons et introduit dans une bouteille. C'est, selon lui, une sage précaution que de se munir ainsi d'un contre-poison, pour le cas où l'un de nous viendrait à être piqué pendant la nuit, au prochain campement.

A 5 heures, nous arrivons à la *N'zala de N'zraïfi*. Elle est située au sommet d'une haute colline, sur un vaste plateeu, près du village du même nom, et à côté des ruines d'une ancienne ville portugaise dont il reste encore d'importants vestiges, notamment un aqueduc qui amène encore les eaux Jont se servent les habitants du village pour arroser leurs jardins.

Nous sommes accueillis convenablement par le Cheik, qui nous vend, à un prix raisonnable, du lait, des œufs, de l'orge, et installe deux gardiens de nuit auprès de nos tentes pour veiller sur nous; car le pays est infesté de maraudeurs.

Nous demandons aux indigènes si dans l'intérieur du douar, il y a aussi des scorpions. Ils nous répondent que là comme dans la campagne, ces insectes pullulent! C'est peu rassurant, mais nous sommes tellement fatigués que, malgré les voleurs et les scorpions, nous ne tardons pas à nous endormir et ce n'est qu'à l'aube que nous nous réveillons, sans avoir été ni dépouillés; ni piqués.

Nous voulons aujourd'hui aller déjeuner à *El Ksar-El-Kebir* et coucher à *Corrota* pour être demain soir à Tanger. Nous faisons part de nos intentions à notre muletier qui ne paraît pas goûter ce projet. Il veut passer l'après-midi et la nuit à *El-Ksar-El-Kebir* où il a des amis, et il prétend que ses bêtes sont trop fatiguées et ne peuvent pas faire une aussi longue étape. Il jure que pour rien au monde, il n'ira aujourd'hui plus loin qu'à *El-Ksar-El-Kebir*.

Nous avons beau discuter : cet entêté ne veut rien entendre et nous perdons un temps précieux! Nous nous mettons en route à 7 heures en pressant, le plus possible, l'allure de nos bêtes.

Une heure de route en pays montagneux, puis une petite vallée que nous traversons en trois quarts d'heure de trot et nous entrons dans le défilé des montagnes qui nous séparent encore de l'immense plaine du *Gharb*. Ces collines élevées que nous franchissons sont assez boisées. Elles contiennent beaucoup de pierre à plâtre et nous voyons, à fleur de terre, des rochers d'un gypse très pur d'une blancheur éclatante.

Vers 10 heures, nous entrons dans une large vallée abondamment arrosée par des ruisseaux nombreux qui descendent, de tous côtés, de la montagne. Elle est plantée, sur une longueur de plusieurs kilomètres, de magnifiques bois d'orangers et de beaux jardins verdoyants.

Bientôt, nous apercevons, au loin, dans l'immense plaine qui s'étend devant nous, une masse blanchâtre, entourée de verdure d'où émergent plusieurs hauts minarets. C'est *El-Ksar-El-Kebir*, la seule ville que l'on rencontre entre Fez et Tanger.

A mesure que nous approchons, les détails de cette antique cité portugaise se précisent. Elle est entourée de magnifiques bois d'orangers et d'oliviers qui lui font une ceinture verdoyante du plus agréable effet. De grands murs grisâtres l'entourent complètement. Quelques beaux palmiers à hautes tiges élancées, dont le vert panache se balance au-dessus des terrasses, donnent un pittoresque cachet oriental à cet ensemble décoratif.

Le *Loukos* passe, en seapentant, au pied des remparts. Ce fleuve que nous avons déjà traversé à *Larache*, à son embouchure, a ici une centaine de mètres de largeur. Il roule des eaux boueuses, dans un lit profond, entre de hautes berges coupées presqu'à pic. Nous le traversons et trouvons, au sommet de la berge de la rive droite, un large chemin pavé, de construction sans doute trés ancienne, mais encore bien conservé, qui longe un moment les remparts, passe à travers une sorte de faubourg où se voient bon nombre de petites maisons de campagne, à demi-cachées dans la verdure et nous conduit à l'une des portes de la ville.

Si la ville d'*El-Ksar-El-Kebir* produit de loin, surtout après qu'on vient de traverser pendant plusieurs jours d'immenses et mornes solitudes, une impression agréable, bien différent est le sentiment que l'on éprouve dès qu'on y pénètre. Les abords sont des cloaques bourbeux, au milieu desquels des carcasses en putréfaction répandent de pestilentielles odeurs. On pénètre dans cette cité marocaine, et on voit, comme toujours, d'admirables portes ogivales, décorées d'exquises dentelures et de brillantes mosaïques au milieu de murs croulants.

En dehors de l'enceinte actuelle, la campagne environnante est couverte de débris de vieux remparts qui donnent une idée de l'importance que devait avoir cette ville, à l'époque de sa plus grande prospérité, au XIIe siècle.

El-Ksar-El-Kebir (la grande forteresse) fut, en effet, dès le xe siècle, un des foyers principaux de la puissance musulmane. C'est de là, dit-on, que partaient les expéditions guerrières qui allèrent conquérir l'Espagne. Détruite et rebâtie après la chute de Grenade, elle fut prise par les Portugais qui s'y établirent et la restaurèrent. Ils l'appelèrent *Alcazar Quivir* qui est évidemment une corruption du nom d'*El Ksar-El-Kebir*. Elle resta entre leurs mains jusqu'en 1578, époque à laquelle elle fut reprise par les Marocains, à la suite de la célèbre bataille des trois Empereurs où fut tué le roi Sébastien de Portugal.

Cette ville contient moins de constructions de style mauresque que de vieilles maisons portugaises. Ces dernières sont facilement reconnaissables à leurs toits en pente, couverts de tuiles, qui remplacent les terrasses des édifices mauresques. Mais, les unes comme les autres présentent un aspect délabré, lamentable à voir. Toutes les murailles sont lézardées, crevassées et paraissent prêtes à s'écrouler.

Quinze ou vingt mosquées élèvent leurs minarets faïencés au dessus des maisons; mais les mosquées, elles-mêmes, sont ici complètement décrépies et nul ne songe à les entretenir.

Dès notre arrivée en ville, nous nous faisons conduire chez l'agent consulaire de France.

Nous traversons le bazar, dont les petites boutiques ouvrent sur des rues couvertes et sombres, semblables à celles de Fez. Elles sont aussi étroites que celle de la capitale et nous avons toutes les peines du monde à y passer avec nos mulets, sans accrocher les étalages des marchands. Puis, après un assez long parcours à travers ce dédale de couloirs obscurs, nous franchissons une superbe porte du plus pur style mauresque et arrivons bientôt chez *Sidi Chaouch*, notre agent consulaire à *El-Ksar-El-Kebir*.

C'est un vieux Marocain, qui s'est mis sous le protectorat de la légation de France et qui remplit les fonctions de vice-consul, dans la ville où nous nous trouvons.

Il nous reçoit dans la cour intérieure de sa maison, encombrée en ce moment d'épis de maïs que les femmes étaient probalement occupées à égréner. Notre arrivée les a mises en fuite et Sidi Chaouch paraît tout confus de nous recevoir au milieu de ce désordre.

Après les salutations ordinaires, nous exposons à notre représentant notre résolution bien arrêtée d'aller coucher, le soir même à *Corrota* et le refus de notre muletier d'obtempérer à notre ordre. Nous le prions de vouloir bien intervenir pour contraindre cet indigène a nous suivre.

Sidi Chaouch, avec une charmante courtoisie, nous exprime, tout d'abord, le regret qu'il a de ne pas pouvoir nous offrir l'hospitalité; mais que, puisque nous tenons absolument à continuer notre route sans tarder, nous pouvons nous diriger sur *Corrota* en toute tranquillité et que nous serons bientôt rejoints par le muletier récalcitrant. Si celui-ci refuse de lui obéir, il nous fera porter nos bagages par un autre convoyeur qui, seul, recevra le prix convenu.

Pendant notre entretien avec *Sidi Chaouch*, nous apercevons à plusieurs reprises, de grands yeux noirs. On nous examine derrière les rideaux qui ferment une des chambres, donnant sur la cour. Les chuchotements et les petits rires étouffés, qui arrivent jusqu'à nous, indiquent que les curieuses habitantes de la maison du vieux *Chaouch* échangent de gais propos sur les deux « Roumis » qui sont là!

Nous prenons bientôt congé de notre hôte et nous quittons *El-Ksar-El-Kebir* après avoir acheté quelques provisions de bouche pour la fin du voyage.

Nous traversons la plaine au grand trot; nous gravissons une série de collines, passons deux rivières à gué et atteignons à 5 heures 1/2 du soir le douar de *Corrota*, après avoir parcouru une série de plaines dont les terres noires et grasses sont réputées pour leur merveilleuse fécondité. Mais ces vastes étendues de terres incultes sont complètement dépourvues d'ombrages. De loin en loin, on aperçoit de pauvres douars, enclos de cactus et de figuiers. A noter cependant, dans les montagnes qui séparent la plaine du *Gharb* de *Corrota*, de très importants gisements de minerai de fer oligiste, qui se montrent à fleur de terre.

Corrota est un petit village, adossé à une colline, à côté d'un massif superbe d'oliviers séculaires. Largement pourvus d'eau par une source importante qui jaillit du rocher, plusieurs palmiers géants s'élèvent au milieu des masures qui composent ce douar. Une centaine de petites constructions très basses, ne recevant de

MAROC — UN CHEF DE TRIBU

jour que par une porte sous laquelle on ne peut passer qu'en se courbant, sont groupées autour d'une blanche Kouba, élevée à la mémoire d'un saint Marabout du pays.

Dès notre arrivée, le chef du douar prévenu vient nous indiquer la place de notre campement; mais nous ne sommes pas sans appréhensions sur la manière dont nous passerons la nuit, si nos muletiers n'arrivent pas bientôt avec nos tentes et nos bagages.

Le cheik du village nous déclare qu'il lui est impossible de nous donner l'hospitalité et qu'aucun habitant ne consentira à louer sa maison à des chrétiens.

La nuit arrive, très froide, et nous n'avons absolument rien pour nous abriter et nous couvrir. Il va nous falloir coucher à la belle étoile, ce qui manque de charmes. Philosophiquement, nous prenons notre parti de ce contre-temps et nous nous étendons sur la terre nue, pendant que le guide et le mokrasni vont parlementer avec les gens du douar pour acheter l'orge nécessaire à la nourriture des mulets.

Vers 8 heures 1/2 du soir, nos bêtes de charge arrivent enfin avec nos bagages. Nos tentes sont dressées à tâtons. Un habitant du village consent à nous céder un plat de couscouss et, après un repas des plus sommaires, nous nous endormons, brisés de fatigue par cette marche forcée faite, pendant la moitié au moins de la route, au grand trot, et qui n'a pas duré moins de dix heures consécutives.

***

Réveillés à 4 heures 1/2, nous faisons tout préparer pour pouvoir nous mettre en route dès la pointe du jour. Nous avons, en effet, si nous voulons arriver ce soir à Tanger, à fournir une étape encore plus longue et plus rude que celle d'hier. Mais, nous approchons du terme de ce pénible voyage et l'espoir du repos que nous allons prendre dans la « Ville des chiens », nous donne du courage.

Le muletier, qui a dû venir nous rejoindre à Corrota contre son gré, est d'une humeur détestable. Il prétend qu'il ne pourra pas arriver le soir même à Tanger, que ses mulets sont trop fatigués. Nous lui déclarons que, puisqu'il en est ainsi, nous lui permettons de coucher en route, pourvu qu'il soit demain, de bonne heure, à l'hôtel. Il nous le promet et nous le laissons replier nos tentes et charger nos bagages. Nous quittons le campement, avec le « Mokrasni » et le guide, à 6 heures du matin.

Jusqu'à 9 heures, nous voyageons dans une région montagneuse absolument banale. Nous arrivons alors dans le pays des *Ouled-Moussa* où cinq villages sont établis, très rapprochés les uns des autres, sur le sommet de la dernière montagne que nous venons de gravir. Tous ces douars sont entourés de haies de cactus très épaisses qui leur font des ceintures verdoyantes, tranchant agréablement sur la grise uniformité du paysage. Nous faisons une petite halte d'un quart d'heure pour laisser souffler nos bêtes que nous avons fait trotter continuellement depuis le départ.

A partir de *Ouled-Moussa*, le pays change complètement d'aspect. Nous sommes toujours dans une région de collines, mais ici les villages se succèdent plus nombreux; ils ont une apparence plus propre, plus confortable que ceux que nous avons rencontrés depuis notre départ de Fez. Puis, le paysage est plus riant; les montagnes sont plus boisées, et le sol n'est pas aride comme dans la plupart des régions que nous venons de parcourir.

A 11 heures, en arrivant sur un sommet assez élevé, nous sommes surpris par un changement d'air bien caractéristique. Celui que nous respirons maintenant est bien moins brûlant; c'est la brise de l'Océan que nous sentons! Nous approchons! Tout à coup, à l'horizon, sur notre gauche, une large bande bleue, voilée d'un léger brouillard, apparaît. C'est la mer! C'est la mer! Ah! quel plaisir nous éprouvons de la revoir! C'est une amie que nous retrouvons avec joie et qui nons annonce que les pays plus civilisés que celui où nous sommes, sont maintenant très proches.

Un plus loin, arrivés au point culminant d'une haute montagne qui domine toute cette contrée, nous distinguons la silhouette du *Cap Spartel* qui tranche sur le bleu foncé de l'Océan. A droite, le large ruban moiré que forme le détroit, et plus haut, la dentelure, estompée d'une légère brume violette, des côtes d'Espagne.

Il est midi. Il y a six heures que nous sommes en route et une dizaine de lieues nous séparent encore de Tanger. Mais la vue de la mer nous a donné de nouvelles forces. La fatigue qui commençait à se faire sentir a disparu et c'est au grand trot qu'après avoir descendu les pentes abruptes de la montagne, nous traversons la large plaine qui s'étend jusqu'aux collines de *R'bia*.

Là, nous faisons une courte halte pour déjeuner et nous reprenons notre course à travers un pays très accidenté et très pittoresque. Nous rencontrons une caravane, dont les hommes nous conseillent de hâter encore notre marche, si nous voulons traverser, avant la nuit, le gué de la prochaine rivière. Elle est déjà très haute, paraît-il, et nous tardons nous serons arrêtés pendant plusieurs heures, car le gué est infranchissable à marée haute. Nous poussons un bon temps de galop et sommes assez heureux pour arriver encore avant que les eaux du fleuve ne soient trop hautes.

Notre Mokrasni, qui tient décidément à ne pas être vu aux environs des villes, en compagnie de chrétiens, nous demande instamment de lui permettre de nous quitter. Tanger étant considéré comme une ville infidèle, peut-être ce fanatique craint-il de se souiller en pénétrant dans cette cité impie, profanée par les maudits *giaours*.

Nous lui accordons volontiers cette permission, car son attitude vis à vis de nous, tout le long de la route, a été absolument hostile. Il a affecté de rester toujours très éloigné de nous, en avant ou en arrière, et sa protection était plus qu'illusoire.

Nous continuons notre route sans lui et bientôt nous arrivons à la montagne rouge que nous retrouvons à la bifurcation de la route de Larache. Nous reprenons maintenant la route suivie au départ.

Ce n'est qu'à 4 heures que nous atteignons le café Maure de l'*Oued-Djedj*. Nous avions mis quatre heures pour y arriver à l'aller ; quelque hâte que nous puissions maintenant apporter pour effectuer la fin de notre voyage, nous serons forcément obligés de finir notre trajet de nuit. Or le temps vient, tout à coup, de se gâter. De gros nuages noirs voilent le ciel et nous présagent un violent orage. Notre guide insiste pour que nous passions la nuit dans un douar voisin. Il prétend que le pays est très dangereux et qu'il ne faut pas nous aventurer ainsi sur ces chemins très accidentés et fréquentés par de nombreux malfaiteurs. Mais nous sommes si désireux d'arriver à Tanger, nous avons une telle envie de terminer au plus tôt cet éreintant voyage que nous continuons malgré ses exhortations, notre course folle, sous l'averse, au grand trot de nos montures. Il pleut à torrent, nous sommes environnés par l'orage, aveuglés par les éclairs, assourdis par les coups de tonnerre. Nos malheureux mulets sont exténués. Mais nous les excitons de la voix et de l'éperon et ils continuent leur marche quand même. La route est devenue très dangereuse. La nuit est absolument noire. On ne voit pas à cinq pas devant soi. Le chemin, à peine tracé, est coupé à tout instant de ruisseaux aux berges profondes. Nos courageuses bêtes vont vaillamment, posant leur pied avec prudence et c'est un vrai miracle que, au milieu de ces sentiers à pic, nous ne roulions pas au fond d'un précipice avec nos montures.

Enfin, nous apercevons les lumières de Tanger, dans le lointain ! Nous sommes sauvés ! Un dernier effort de nos pauvres mules, qui, reconnaissant d'instinct l'approche de l'écurie, se raffermissent sur leurs jambes raidies par quatorze heures de marche et nous mettons pied à terre devant l'hôtel !

Achille et René Garnier.

A LA N'ZALA DE N'ZRAIFI

www.ingramcontent.com/pod-product-compliance
Ingram Content Group UK Ltd.
Pitfield, Milton Keynes, MK11 3LW, UK
UKHW020404250726
13967UKWH00005B/2460